나무의 발성법

박완호 시집

시인동네 시인선 250

박완호 시집

나무의 발성법

시인동네

시인의 말

다행이다.

내게는
맹목이 함부로 끼어들 틈이 없어서

오늘 걸어가는 이 길이
어제 그 길이 아니어서

내가 여전히 시인이어서.

2025년 3월
박완호

차례

제2부

제3부

제4부

제1부

그림자의 그림자로라도

나는 아직 나를 버리지 못하고 허울뿐인 이름에 손발 묶인 채 몸통 없는 그림자로 살아간다 나를 까발리면 나는 어디로 가버리고 모르는 누군가가 거기 덩그러니 남는 생의 쳇바퀴, 돌고 돌아봐도 제자리로 돌아오고 마는 길을 간다 누가 나를 부르나, 돌아보면 아무도 없는 누구의 이름을 불러도 혼자만 남게 되는 이곳에서의 삶이란 얼마나 쓸쓸하게 빛나는 건지 삼키지도 뱉지도 못하는 텅 빈 몸통 같은, 조금 전의 나를 떠나보내고 아직 오지 않은 나를 불러대는 저 투명한 손짓들, 하지만 그림자의 그림자로라도 이 세상을 버텨낼 것이다, 라고

오늘 나는 또 쓰는 것이다

황홀, 가난한

간밤 오락가락하는 빗소리를 따라 어디까지 걸어갔던 걸까?
진공에 갇힌 새처럼
어느 순간 빗소리 끊기고 양팔을 세게 휘저어도
한 발짝도 더 나아가지 못하는
어둡고 낯선 데까지 날 데려간 이는 누구였을까?

박제된 꿈의 뼈 사이를 비껴가는 바람 같은
어떤 훗날도 기약할 수 없는 이곳에서의 나날들,

지녔던 것을 모조리 탕진하고 머릿속을 스치는 실낱같은 꿈의 곁가지들까지 죄다 꺾어버리고도 나는

아직 더 가야 할 곳이 남았다고 생각한 걸까? 아득한 서쪽 하늘을 더듬어대는 눈먼 새처럼

온몸의 혈관을 한꺼번에 터트려가며 펼쳐 보이는 허공의 속내, 신조차도 아픔 없이는 아무 꽃도 피워내지 못하는 것을

어찌 모를까마는, 걷고 걸어도 고통의 뿌리 쪽으로 가는 길은 끝없이 이어지고

어떤 글자로도 꽃 피우지 못할 한마디를 꿈꾸는
시인의 맨발, 상처 난 발길이 가닿고자 하는
어느 먼 곳에서 눈먼 그대는
가난한 황홀을 마주하고 계시는가?

도산검림(刀山劍林)

내 언어의 행간 사이에 숨어 있던
자객들은 다 어디로 떠나갔을까?
살짝 닿기만 해도
뻘겋게 핏물이 배어날 것 같은
날 선 말들, 한번 칼질로
두꺼운 어둠을 동강 내려던
정신은 표적을 놓쳐버리고
지금은 어디쯤 고꾸라져 있나?
허무를 꿰뚫으려는 시의 언어에는
치명적인 독 하나쯤은 묻어나야 하는데
나는 무슨 말의 독을 차고
세상 한가운데를 가로지르려는가?
떨어져 나간 자객들을 다시 불러들이려면
언어의 행간마다 독 오른 칼날을 꽂아두고
서슬 푸른 눈빛을 안으로 갈무리해 가며
표적을 노리는 자객의 숨결 같은
적막 가운데 버티고 서 있어야 한다.
비수를 감춘 자객이 숨기 좋은

시인의 정신은

어디나 도산검림(刀山劍林)이다.

달동네 쪽방살이

한낮의 달 속엔 누가 있나, 쪽배도 토끼도 없이 푸른 하늘 은하수 건너 그이는

술내 풍기며 휘청거리는 아버지 그림자 어두운 골목을 간신히 빠져나오듯

거기까지 달려갔을까, 빈집 대문간에 걸려 팔락이는 검정 비닐봉지 같은

속울음 누가 듣기라도 할까, 달동네 쪽방에 웅크려 앉아 마른 어깨 들썩이며

뜨지 않는 별들의 행간을 짚어가는 걸까, 달 별 없는 한밤중에는 또 누가 거기서

훌쩍이는 어린 꽃나무 뒤통수나 휘갈기는 바람 꽁무니에 매달려 돌아오지 못할 길 나서는 중인지, 문득문득

딴 데 가서도 쪽방살이를 못 면했을 것 같은 사람의 안부가 궁금해진다

봄의 무반주를 듣다
—울산 십리대숲

가도 가도 끝없는 대숲 십리 길, 빼곡한
근육질의 그리움이 푸르른 공명을 끌어당긴다.
두드릴수록 파래지는 나무의
텅 빈 마디는 누구의 속내인가. 겨울의
언 행간을 가로질러 온 사람이
땅속 뿌리를 건드리는 봄의 무반주를 듣는다.
더 두드려다오,
풋내 서린 대나무의 숨결이
차가운 허공을 흔들어 깨울 때까지, 슬픔의
뼈대를 짚으며 솟구치는 새들의
날갯죽지가 투명하게 젖어 들 때까지.
대나무 마디마다 깃드는 소리, 창백한
공중에 새파랗고 질긴 힘줄을 풀어놓는
무반주의 음악들. 봄은
첫 마디부터 이미 절정이다.

겨울 경포

백색의 군대가 들이닥쳤다. 잇단음표를 달고 고꾸라지는 파도의 단말마. 어둠과 빛의 경계를 한순간에 허물어가며 흩날리는 눈발 속 비릿하게 주저앉는 철조망들. 느닷없는 공습에 치명상을 입은 수식어들이 방어선 너머로 쫓겨나고 있었다. 공중은 갈 데 없는 발길들이 머물 만한 곳이 못 되었다. 흐트러진 오열을 손보기 전에 서둘러 빈자리를 메워가는 점령군들. 금방 뒤집히고 말 이념에 매달린 혁명가들이 극단에 서서 손바닥으로 귀를 틀어막았다. 어디가 뭍인지 바다인지 모를 곳에서 모래알 같은 사상들이 거품을 물고 지워지고 있었다. 홀로 반짝이는 것들은 경계를 넘나들며 스스로 꽃을 피워내고, 어느 쪽이든 끝자락에 버티고 선 것들만이 발화(發花)되지 않는 가지를 고집스럽게 흔들어댔다. 비틀거리는 공기 속, 떠나간 사람의 그림자가 앉아 있는 모래언덕을 쳐다보며 서 있는 사내가 젖은 정어리 등처럼 잠깐 반짝거린 것도 같았다.

시인

어둠이 닳아서 새하얀 빛이 될 때까지
아무에게도 보이지 않는 절망의
투명한 그물이 촘촘하게 날 에워쌀 때까지

시를 쓰다가
시가 되지 않는 말들과 함께
한 번도 가 보지 않은
어느 먼 곳을 꿈꾸는 시간

닳다 만 어둠 같은,
더는 깊어지지 않는 절망 같은,

꽃 피지 않을 생각이
되지도 않게 시가 되려는 것을
가까스로 막아가며 어떻게든

어둠이 다 닳을 때까지
절망이 더는 깊어지지 않을

바닥에 누울 때까지

어떤 꿈도 더는 나를 가두지 못할
눈물의 바탕에 기어이 다다를 때까지

단 하나, 시인이라는
휑하니 빛나는 이름을 갖게 될 때까지

그것마저 죄다 떨쳐낼 때까지
안간힘을 다해 버텨보려는 것

번지점프

서로 먼저 죽겠다고,
추락할 때를 기다리다 말고
번지점프 티켓 같은
패를 번갈아 손에 쥐고 돌리며

매번 새로운 낙엽이 진다, 허공에서는

이파리가 하나씩 떨어질 때마다 낯선
꿈의 새순이 덧니처럼 돋았다 지워지고

잇단음표를 달고 몰려드는,
티켓도 없이 앞다퉈 떨어져 내리는
암표 구매자들

낙엽 진 자리에 돋아날
연한 절망은 그러므로
나의 몫이 아니다, 그건

나도 모르는 나의
얼굴, 꿈에서조차 만날 일 없는
민낯의 절망

일련번호 없는 번지점프 티켓을 손에 들고 저기 아무렇게나 서 있다

달동네 집 찾기

그녀의 거처는 달동네 어디쯤이다.

달의 주소록을 뒤져도 나오지 않는
희미한 반점들, 커졌다 작아졌다 하는
어둠의 줄기를 따라 늘어선
밤의 뒷골목 어딘가에 그녀가 머물고 있다.

선산 중턱에 걸린 반달 빈자리,
아카시아 뿌리를 움켜쥐고는
한사코 거기 머물고 싶어 하던
그녀는 언제부터 저곳에 집을 짓고 있었을까?

툭하면 번지수를 놓치는 무허가 판자촌 같은
달의 모서리 어딘가에 있을 집을 찾아 나선다.

어둠 속을 서성이는 어린 별을 만나면
아직 그녀의 집을 찾고 있느냐고
너무 슬프지 않은 얼굴로 물어다오.

달동네의 옆구리가 시큰거릴 때마다
번지수 없는 집이 조금씩 기울어간다.

더는 그녀의 주소지를 물을 데가 없다.

게릴라

끊긴 허리띠처럼 뒤틀려가며 떼거리로 몰려다니는 물뱀들. 위아래가 따로 없이 엎치락뒤치락하는 물살 따라 모든 게 한순간에 뒤집히고 말 혁명전야의, 엇갈리는 꿈의 능선을 끼고 정면으로 마주친 게릴라들. 내일 없는 오늘이 아름다운 까닭을 더는 묻지 않는다. 눈앞을 가로막으며 탁성으로 솟구치는 물기둥의 돌이킬 수 없는 반란, 나는 거기서 그만 꿈의 힘줄이 끊어지고 만다. 물뱀들이 머릿속을 휘저어댈수록 가팔라지는 숨결 속, 몰래 꿈의 능선을 비껴가려다 들켜버린 게릴라들.

반골

언제부터인지 나에게서 반골이 보이지 않는다 툭하면 욱, 터지기 직전에 머물고 마는 중년만 덩그러니 남고 더 멀고 깊은 곳을 바라보던 나의 반골이 떠나가고 말았다 반골이 비어가는 시인을 떠난 시가 서둘러 시야를 벗어나려 한다 달아나는 말을 붙잡으려면 주저앉은 반골의 척추를 어떻게든 일으켜 세워야 한다 공연히 두근대는 첫발을 어디로든 내딛어야만 한다 저 너머로 치달으려는 마음을 무어로도 억누르지 않아야 한다 눈앞에 떠오르는 신기루의 벽을 무너뜨리며, 앞이 보이지 않는 길이라도 끝까지 걸어가야만 한다

나무의 발성법

씨앗이라고, 조그맣게 입을 오므리고
뿌리 쪽으로 가는 숨통을 가만히 연다.
새순이라고 줄기라고 천천히
좁은 구멍으로 숨을 불어 넣는다.
길어지는 팔다리를 쭉쭉 내뻗으며
돋아나는 가지들을 허공 쪽으로
흔들어 본다. 흐릿해지는 하늘 빈자리
연두에서 초록으로 난 길을 트이며
이파리가 돋고 꽃송이들이 폭죽처럼 터지는 순간을 위해
아직은 나비와 새들을 불러들이지 않기로 한다.
다람쥐가 어깨를 밟고 가는 것도
몰래 뱃속에 숨겨둔 도토리 개수가
몇 개인지 모르는 척 넘어가기로 한다.
하늘의 빈틈이 다 메워질 때쯤
무성한 가지들을 잘라내고 더는
빈 곳을 채워 나갈 의미를 찾지 못할 만큼
한 생애가 무르익었을 무렵
가지를 줄기를 밑동까지를 하나씩 비워가며

기둥을 세우고 집을 만들고 울타리를 두르고
아무나 앉을 수 있는 의자와
몇 권의 책 빈 술병을 올려둘 자리를 준비한다.
그리고는 어느 한순간 잿더미로 남는
황홀한 꿈을 꾸기 시작하는 것이다.
더는 아무것도 발음할 필요가 없는
바로 그 찰나, 나무는 비로소
한 그루 온전한 나무가 되는 것

나-無라고,
아무에게도 들리지 않게 천천히 발음해 본다.

고요에 관해 말하기까지는

고요에 관해 말하려면 나는 조금 더 기다려야 하리.

소낙비 한바탕 휩쓸고 간 뒤 남은 서늘함 같은,
나이 먹어도 안 가시는 첫사랑의 먹먹한 떨림 같은,
밤의 허공을 들쑤시는 돌개바람의 앞뒤 모를 그림자, 느닷없는 죽음 앞에서 주저앉고 마는
연약한 무릎 같은, 책상에 고개를 처박은 채 잠든 아이의
텅 빈 꿈, 선거가 끝나고 나도 지워지지 않는 벽보의
박제된 웃음, 아스라한 언덕길에서 마주친 산딸나무의
꽃-잎 체위 같은,

환갑 다되어 만난 열몇 살 적 친구는 몇 해 전부터 투석 중이라면서도 기어이 백세주 한 병을 다 비웠지. 죽음을 불사할 만큼 반가운 벗이란 설렘에 나는 또, 그 시절에서 멀리 떨어져 나온 너와 나의, 오늘의 맨얼굴을 만져보네.

고혈압과 당뇨 수치에 온 신경을 쓰면서도 술잔을 놓지 않으려는 중년의

천국으로 직행한다는 순응의 티켓을 던져버리고는 막, 반골처럼 떠오른 시를 써가는 시인의

마음속에서 걷잡을 수 없이 요동쳐오는 파문들. 고요에 가닿으려면

나는 아직 한참을 더 기다려야겠네, 고요의 속내를 짚어내기까지는.

달팽이관

소리의 기억이 지워지는 달팽이의 몸속 길을 간다. 굴곡진 벼랑길 따라 보이다 말다 하는 글자들. 엉겁결에 서로를 놓아버린 시와 시인이 번갈아 허무의 가면을 쓰고 벗는다. 소리의 바탕은 어디나 젖어 있다. 슬픔의, 앙상한 뼈대를 건드리는 물소리는 늘 엇박자에 매달려 있다. 달-팽이, 라고 쓰니 빙빙 도는 하늘 아래 눈 귀 닫고 선 이의 그림자가 어른거린다. 삭망을 끼고 도는 달-팽이의 도돌이표. 초승달에서 그믐달까지의 간극 같은, 아스라한 벼랑 사이 잠깐잠깐 떠올랐다 사라지는 길을 찾아가는 이의 옆모습을 본 것도 같다.

제2부

설국에서 온 전언
—북해도

눈의 나라에서 생기자마자 지워지는 발자국들을 본다. 크고 작은 깊고 얕은 흔적을 남기며 저마다의 순간을 감당하는, 휘어진 자작나무에 얹히는 눈의 무게 같은 고뇌들. 가장 뒤늦게 다녀갈 누군가를 위해 순서 없이 나부끼는 눈송이들. 어두운 한낮의 눈보라를 헤치며 나아가는 더딘 걸음들. 앞이 보이지 않는 삶이란 절망 아닌 희망이라며, 우주를 가로지르는 빛이 지나온 길을 되새기게 하는 글자들. 흐트러진 활자판처럼 회오리치는 눈발 속을 날아가는 흰 새 떼. 앞서간 발자국 위에 찍히는 새 발자국들. 오고 나며 가고 죽는 것이 이음동의어가 되는 이곳에서는 모든 것이 태어나는 순간 낡아가고 낡아지는 순간 새로 태어난다. 이 순간만이 온전한 제 몫이란 걸 깨달으며 싱싱하게 낡아가는 불립문자가 문득문득 낯설어지는 경계를 넘나들기 시작한다.

공중의 완성

더는 날아오를 까닭을 찾지 못할 때 새는
문득 수직으로 떨어지는 꿈을 꾸기 시작한다.

하늘 높이 치솟아 오르던 우듬지의
고개가 아래쪽으로 젖혀질 무렵, 새는
저 먼 바닥으로부터 솟구치는 공기의
텅 빈 속내가 불현듯 궁금해지는 것이다.

날개를 흔들어댈 때마다
양쪽 겨드랑이가 간지러워지는 까닭을
나뭇가지를 박차고 날아오르는 순간
발바닥에 짜릿하게 와닿는 결별의 감각을
누구에게 물어야 하는지

바닥이 가까워질수록 두근거리는
심장박동처럼 어디서 가늘게 떨고 있을
벌레들의 숨결을 짚어가며
새는 한순간에 허공을 가로지른다.

공중은,

꿈꾸는 한 마리 새를 통해 비로소 완성된다.

산문 닫힌 저녁

정암사 수마노탑 목전에서 주저앉고 마는 새들, 적멸은 아득하고 먹먹해지는 새 그림자 따라 고갯마루를 넘는 사내의 뒷모습이 흐릿해진다.

함백산 만항재 운천고도 천삼백삼십 미터 공중을 가로지르는 송전탑 전선을 무감각하게 흐르는 불온한 감각들, 석탑 모서리마다 아슬하게 맺히는 풍경 소리

밥상머리에도 끼어들지 못하는
닭 날개 끄트머리 같은 마음속
스스로 환해지려는 갈피만이
산문 안쪽으로 고개를 돌린다.

노을의 수사 따라 표정이 바뀌는 하늘, 애초부터 아무것도 꿈꾸지 않았을 새들의 속내를 빼닮은

적멸보궁으로 가는 쪽문 닫아건 음력 유월 열여드렛날 금요일 저녁 무렵의

종이에 살을 베이다가

종이에 살을 베이다가, 아린 손가락보다 종이의 날을 먼저 살피는 눈길, 살갗 파고들던 종이가 새기고 싶었을 글자들의 무게를 헤아린다

날이 지나간 후에야 찾아드는 통증, 아픔 없이는 누구라도 고비를 넘어서지 못한다 아무 고통 없이 지나치는 칼날 같은, 무감각의 함정을 어떻게든 빠져나가야 한다

손 베이기 직전의 예감 같은, 날 선 꿈에 한쪽 발을 담그고 어디든 끝까지 걸어가야 한다 기척 없이 비껴가려는 절정을 정면으로 마주할 수 있어야 한다

양팔 문신

양팔 가득 문신을 새긴 여자와 나란히 앉아
다국적 문자 기호와 맥락 모를 그림이
빼곡하게 새겨진 팔을 힐끗힐끗 쳐다보며
무얼 하는 사람일까? 어떤 길을 걸어왔을까?
오만 가지 생각으로 한 사람의 이력을 훑어보는 시간

한번 떠오른 편견은 또 다른 편견을 낳고 편견의 사생아들이 줄지어 태어나는 사이 어느새 나는 괴물 옆에 앉은 또 다른 괴물이 되어가고

반소매 옷만 입지 않았어도 아무것도 아니었을,
한 사람을 향한 쓸데없는 상상이 꼬리를 물고 이어지는
머릿속을 고스란히 들켜버린 것 같아
고개도 못 돌리고 속으로만
이러지 말자 이러지 말자 할 때

어디서 젖먹이라도 달래주다 왔을지 모를 여자의
팔목 아래 하얀 손등 손가락이 눈 속을 채우더니

갑자기 낯설어진 한 사람이 순진무구한 표정과 함께
차창을 흐르는 풍경 속으로 첨벙첨벙 발을 내딛는 것을

아무 일 없었다는 듯 바라보는 나의
못난 이목구비가 또렷해져 가는 유리창 너머로
서둘러 달아나고만 싶어지는 것이었다

초저녁 슬픔

초저녁 슬픔은 자주 엇박자로 기운다
엇각으로 쌓아 올린 벽돌들 사이 돋아난
푸른 피톨들 무표정하게 흔들리고
무너져 내리는 태양의 금자탑 너머
잔주름 맺히는 풀 그림자
슬픔이 무르익기 전 서둘러 꽃 피우려다 말고
이곳에서의 기억을 애써 지워가며 경계를 서성이는
누군가의 발소리, 더딘 썰물 같은 기억은
붉고 단단한 열매를 가득 매달고는
어두운 골목 속으로 스며들기 시작하는데
엇박자로 기우는 슬픔은
어디쯤에서 구부렸던 허리를 펴게 될까?
거울에 갇혀 버린 차가운 불빛들
갈피 잃고 휘청거리는 시간,
엇각으로 흩어지는 불빛 아래
무릎 꺾인 채 돌아서는 그림자가
눈 밖으로 달아나는 게 보인다

귀 밝은 사람이 되고 싶다

귀 밝은 사람과 나란히 밤길을 걷고 싶다
낮에 보았던 세상의 환한 치부를
어둠에 씻어내며 눈에 담지 못하던
고요의 속내를 고스란히 담아내고 싶다
먼 은하에서부터 쉬지 않고 달려와
나뭇가지를 스치는 별들의 기척에
저절로 고개가 젖혀지는 사람,
뜰채 같은 손가락 사이 깃드는
적막을 공깃돌처럼 만지작거리고 싶다
점자 찍듯 흔들리는
풀잎들의 수신호 따라
어두운 숲길을 건너는 누군가처럼 나도
한껏 밝아진 귀를 갖고 싶다

나의 국어 선생은

국어책에 갇힌 줄도 모르고 신나 하는
시와 소설을 데리고 갈팡질팡하느라
시인 선생 뭐 하나 제대로 못 되면서
아슬아슬하게 경계를 타며 살아온
나의 국어 선생은
언제나 시인과 선생 사이의
간당간당한 외줄 타기를 그만두려나
속으로 궁리하지, 허구한 날
머릿속에서만 지었다 말았다 하는
집 한 채, 교과서 울타리 속
시와 소설은 읽을수록 사람들을
저한테서 멀어지게 만든다지
사지선다 오지선다의
삐끗한 주문으로만 풀리는
함정에 빠져 아무 꿈도 못 꾸는
비익의 새 같은,
나의 국어 선생은
미로에 갇힌 시와 소설을 데리고

보였다 말았다 하는 출구를 찾아
어디에도 없을
세상 경계를 여전히 떠돌고 있네

꿈 마실

아버지를 낳는 꿈을 꾸었다
녹슨 대못 같은 팔다리, 질끈
눈 감고만 싶어지는 흉터들이
살았을 적 그대로인
젊은 아버지가 나이 든 아들을
물끄러미 쳐다보고 있었다
어디를 들러서 왔는지,
도깨비바늘 달라붙은 바지가
땀에 절어 풀럭거렸다
무슨 말을 하는 건지,
술기운에 일그러진 말소리가
수멍의 물처럼 쏟아져 나왔다
아버지, 하고 부르면
저만치 달아나고 마는
한 사람이 다녀간 길을
밤새 걷다 오는 중이었다

앉은뱅이책상

서랍을 열면
아버지 속울음 같은
먼지가 날렸다

오래된 것일수록
더 아픈 소리가 났다

서랍 안쪽에 새겨진
흐릿해진 글씨들,

곰팡내 나는 속내를 읽다가
툭하면 중심을 놓치곤 했다

손만 대면 삐거덕거리는
서랍 귀퉁이마다
삭은 살점이 떨어져 내렸다

오후의 감정

꽃나무의 표정이 흐릿해지는
사월 초저녁,
떨어지는 꽃잎이 뭇별을 띄워낸다.

잎을 다 떨구고 나서도
꽃나무가 꽃나무로 남듯,

이목구비가 잘 떠오르지 않는 사람도
사랑의 발음을 온전히 지우지는 못한다.

어디선가 그도 나처럼
저녁의 흐릿한 표정을 살펴 가며
기억나지 않는 눈코입귀를
성기게 새겨가고 있으리라.

떨어진 꽃잎까지 다 게워낸 후에야
아득한 훗날을 꿈꾸기 시작하는

늦은 오후의

저 꽃나무 같은.

울음의 관찰

11월, 근린공원 옆 골목을 빠져나가려던 바람의 한쪽 발목이 그만 돌 틈에 끼어 버렸다 저만치

철모르고 고개 내민 노랑꽃, 돌 틈에 발 묶인 채 어쩔 줄 몰라 하는 초겨울 바람의 옷깃을 놓지도 잡지도 못하는데

돌 틈에 발목 끼인 바람과 돌 사이로 고개 내민 노랑꽃이 갈팡질팡하는 모습을 쳐다보는 눈길들, 꽃의

이마에 맺힌 물방울이 어디서 왔는지를 누구도 설명하지 못한다

꿈꾸는 유모차

놀이터 모퉁이 유모차가 어제처럼 서 있다
아무 데로도 굴러가지 못하는 네 바퀴는
꽃나무 그림자 역에 며칠째 정차 중이다
작은 바퀴 아래 납작 엎드린
고요에 걸터앉는 앙상한 햇살들,
고장 난 시곗바늘처럼 자꾸 주춤거린다
아이들의 웃음을 게워낸 시소가
기억의 무게로 살짝 흔들리다 마는,
초저녁 꽃나무 가지에 묻어나는
검정 무늬 소금기같이 자욱해지는
경로당 옆 놀이터
유모차 하나 꿈꾸듯
제 그림자를 걷어내고 있다

왼편이 아프다

내가 가끔 왼쪽으로 기우는 건
왼편을 더 좋아해서가 아니라
그쪽으로 넘어질 때가 많아서이다

어깨가 괜찮은 듯싶으면 발목이
발목이 좋아진 것 같으면 어깨가

순서 없이 때로는 엎친 데 덮치듯
한꺼번에 불편해지는 날이 늘어간다

가운데 서 있어도 어느 한쪽이 치우쳐 보이는 세상 저울판

속 편한 오른편보다 어딘지 모르게 아픈 왼편이 신경 쓰이는 나의

왼쪽을 돌봐줄 곳은 어디에 있나, 염증에 시달리는
왼쪽 대신 오른쪽 어깨와 발목에 잔뜩 힘을 주고

어떻게든 똑바로 걸어가려는 나를, 저만치서
누가 두 눈을 시퍼렇게 뜨고 지켜보고 있다

훗날의 꿈

지나간 훗날을 더는 꿈꾸지 않으리
한 손가락 굽은 여자의
하나뿐인 아들로 태어나지 않으리
그녀의 순한 눈망울을 닮거나
숱 많은 머리카락을 물려받지 않으리
오월 햇살같이 다사로운,
엄마라는 발음의
나보다 어려지는 한 사람을 품지 않으리
슬픔의,
아무 데서나 엇갈리는 걸음을 재촉하거나
꿈꾸지 못하는 밤을 책처럼 쌓아두지 않으리
문밖 살구나무 아래를 서성이는
자국 없는 발소리에 귀 기울이지 않으리
제대로 늙어보지도 못한 아버지
깜깜한 물소리 끼고 산등성이로 향하는
마지막 걸음을 그대로 두지 않으리
서러운 꿈의 궤적을 비껴가는
어떤 내일도 돌이키지 않으리

제3부

고드름

야반도주 꿈꾸다 허공에 발목 잡혔다
햇살 감옥에 갇히고 만 너의 속내는
희망의 종신형일까 눈부신 소멸일까

거미줄 타듯
외줄에 매달린 숨결들

눈 한번 감았다 뜨면
온 세상이 낭떠러지

발 딛고 선 자리마다 절정임을 모를까

빛의 족쇄 풀어헤치다 그 자리에 고꾸라져
까마득한 벼랑 아래로 대가리를 처박는다
희망에 갇히는 대신 절망의 꽃 피울 텐가

기린

목을 길게 내밀면 누구나 기린이 되지요 발뒤꿈치를 높이 쳐들면 까치가 되듯

봐요 빨개지니까 사과, 참 사과는 아니랬죠 사과를 까먹은 신처럼 되고 싶지는 않다고, 다시

빨개지면 토마토, 사실 난 검은 토마토라니까요 그러니까

몸을 둥글게 구부리고 두 팔을 모으는 듯 펴는 듯 만들면 그게 바로 곰이래요 맞아요 학이든 호랑이든 뭐든 가능해지는 무협의 판타지, 우리 다시

기린으로 돌아가요 거기서 목을 조금 더, 딱 죽기 직전까지만 잡아 빼면, 간절한 기린이 되는 건가요 정말

저 너머엔 뭐가 있기는 한 걸까요 신이라고 떠벌리는 이상한 것들 말고, 이제

빠진 목을 도로 집어넣을 시간이에요 이 밤이 지나면 또 밤이 오겠지만 어디나 환하디환한,

절망뿐일 테니까요 여전히, 반쯤 빠지려다 만 모가지를 흔들어 가며

기린이 되는 꿈을 꾸는 중인가요 거기, 모가지가 자꾸 길어지는 당신 말이에요

새를 하시겠어요?

헛봄, 햇살이 유리창 너머를 기웃거려요. 마음은 책상머리에 앉아 있고 몸은 공중에 떠 있는 시인은, 양면 거울처럼 홀로 반짝이는 수정체를 가졌나요.

한쪽 날갯죽지를 다쳤대도 기우뚱한 세상 밖으로 달아나기에는 제격인데요. 오늘내일 없는 새장 속 하늘은 얼마나 푸르던가요. 거긴, 몸이 있는 곳인가요. 마음이 있는 곳인가요.

개학 앞둔 교정의 꽃나무가 툭, 툭, 생뚱맞은 궁금증을 치켜듭니다. 이름표 없는 새내기 잎들 두리번두리번 새 그림자를 따라다니고요.

아무 데서나 앉고 일어서며 햇살은, 얼음장의 돌멩이가 서둘러 강의 길을 나서도록 합니다. 새가 되는 일은 물의 길을 가는 것과 얼마나 같고 다르나요.

새가 날아가는 곳은 어디나 너머이지요. 저 너머로 지워지는, 저 너머에서 태어나는 새, 새들

당신, 나와 함께 새를 하시겠어요?

그건 내가 아니었다, 고

그날, 난파선처럼 휘청이는 세속 도시의 환한 어둠 속을 떠도는 얼굴 없는 이들의 꽁무니를 가만히 뒤따르는 그림자는 나의 것이 아니었다, 고

언제였나, 간이 칸막이 위 감시카메라처럼 깜빡거리는 푸른 옷의 눈동자들, 쿠데타 군인의 이름이 선명한 투표용지를 펼치고 NO, 라고 아무리 말해봐야 곧이곧대로 들어줄 이 하나 없는 막사를 빠져나오는 키 작은 그림자도 나의 것은 아니었다, 고

사랑을 놓치고 가운데가 움푹 파인 세상의 늪을 건너려 허우적거리는 나를 쳐다보며 쓴웃음 짓는 사내의 그림자, 하늘이 어두워질수록 환해지는 별들을 높이 치켜들고 적막 한가운데 서 있는 한 사람을 본다

입술로는 신을 찾아도 안 보이는 듯 까발려진 영혼을 송두리째 저당 잡힌 자본의 사제들, 날 선 한마디에 반사적으로 아멘, 을 덧붙이는 허깨비들 틈바구니에서 홀로 그건 아니라고

속으로 외치는 소리, 반짝이는 넋

오늘뿐인, 얼마를 살든 오늘밖에 없는 삶의 어디쯤에서 나는, 나 아닌 나를 온전히 벗어던지게 될까 그때까지는 그 어떤 것도 진정한 나는 아니라고

그대들이 본 나는, 그러므로 내가 아니었다고
나는 오늘 또 쓴다, 쓰고 있다

그림자 말씨

새벽 그림자 달고 오시는
할머니 작은 몸집이
휘젓는 팔 따라 흔들리고
신발에 들러붙은 그림자가
커졌다 작아졌다 흐릿해진다
어디를 다녀오시는지,
이른 출근길 나서는 사내
지나갈 길 만들어 주려는 듯
한쪽으로 비켜서는 걸음이
자근자근 건네는 옛 말씨 같다
얼른 피고 싶은 꽃나무들
어둠이 가린 꽃망울까지
죄다 귀 기울이는지,
그림자 지나가는
골목길이 잠깐 고요해진다

백할미새

바닷가 돌 틈새나 발 시린 갯벌 같은 눈물기 많은 땅엔 백할미새 산다지요 켜켜이 쌓아온 울음 타령조로 쏟아내며

앞서간 며느리 따라 큰아들 떠나가고 시름 젖은 나날 속 사무치는 속울음, 가슴속 아린 상처는 가실 줄을 모르고

꿈인지 생시인지 아스라한 얼굴들, 느닷없이 붉어진 하늘가에 고개 묻고 애타게 흔들어 봐야 부질없는 날갯짓

고양이의 변주

잿빛 구름이 고양이 한 마리를 지상에 내려놓고 간다.

울음소리보다 먼저 바닥에 내려앉는 맨발들,

어디에도 매이지 않은 것들이
맨, 이라는 접두사를 앞세우고
본디 아무것도 아니었을 것들에게까지
날렵한 고양이의 수사를 안겨준다.

고양이 하나가 그늘 쪽으로 파고들자
다른 고양이가 그 자리에 내려앉는다.

고양이에 고양이,
고양이와 고양이,
고양이들의 그림자를 몰고 가는 구름

어디서 붉게 타는 속울음을 가라앉히며 저녁놀 끓는점을 지나고 있을 맨발 소리가 들려오는 것 같다.

무거워진 공기에 눌린 풀잎이 아래쪽으로 꺾일 무렵,

앞서가는 고양이의 꼬리를 물고 밀려드는 검은 그림자들,
고양이 울음소리가 어둠으로 번지기 시작한다.

되게 헐거워져서

소싯적엔 남의 죽음을 움켜쥐고 지냈다
갑작스레 엄마를 떠나보내고도
멀쩡히 숨 쉬며 살아가는 날 보며
누구라도 결국은 남이라는 걸
허무개그처럼 깨달았다 스물쯤엔
여럿의 죽음을 한꺼번에 끌어안고
그네들 눈물이 죄다 내 것이라는
아름다운 착각에 빠져 살았다
어떤 죽음은 햇덩이처럼 뜨거웠고
어떤 죽음은 핏발 물든 외침 되어
세상을 울리기도 했지만 이름 없이
숫자로만 새겨지는 죽음도 있었다
차가워지는 머릿속을 애써 헤집으며
해가 아무리 바뀌어도 낡지 않는
소멸의 행간을 띄엄띄엄 짚어가는
나의 걸음도 어느덧
나뭇잎 하나 뒤척이는 기척에도
소스라치게 놀라는 자리에 가까워진다

거기서는 어느 죽음이라도
되게 헐거워져서 금세 잊고 마는
누군가를 맞닥뜨리게 될 것이다

노숙

모란역 지하도 편의점 옆 모퉁이
볼품없이 찌그러진 깡통 하나
오갈 데 없이 웅크린 노인처럼 찌그러져 있다

몇십 번을 쥐어짜 봐도
물 한 방울 안 나올 것 같은
텅 빈 생애가 며칠째 한자리에 노숙 중이다

바닥을 치는 뒷굽 소리가 잦아들 때마다
간장 종지만 한 눈이 동그래져서는
고장 난 탐조등처럼 잠깐 두리번거리다 마는 노인의,

검버섯 핀 얼굴이
저절로 켜졌다 꺼졌다 하며
한낮의 어둠을 헤매고 있다

반쯤 찬 소주병을 옆구리에 끼고
무슨 말인지를 자꾸 중얼거리는

그의 한쪽 다리가
절반쯤 어둠 속에 잠겨 있다

혓바늘

말문 닫아건 채 반쯤 감긴 눈으로

물 낯 떨려오는 서쪽 바다를 바라보고 선

사람아, 살짝 베어 문 입술 사이

핏기처럼 번지는 노을을 머금고

맨발 휘청이며 물 위를 걷는 그림자

바늘 돋친 혓소리가 허공을 흔들어댄다

허기 깊어가는 눈자위에 새겨지는

검은 새들의 불립문자, 휘청이는

소멸의 궤도를 따라 기울어가는

빛들의 단말마, 혓바늘 같은

쓰다 만 문장들이

너와 나 사이를 가로지른다

가문 겨울밤의 노래

나는, 너무 오래 잘못 길들어왔다 산등성이를 돌아서자마자 지워지는 길의 꼬리들, 전주를 끝마치기 전에 불쑥 튀어나온 노래의 첫 소절 같은

적설량만큼의 꿈을 앓는 가문 겨울이면 소스라치게 야윈 바람이 들이닥쳤다 설산의 밤을 홀로 건너온 사람이 속주머니에서 꺼내 든 연서를 펼쳐 들었다 발신인도 수신인도 없는 문장들이 서늘한 저음을 따라 어둠 속을 흘러내렸다

어디로 가야 하는지 무엇을 어떻게 해야 하는지 모르고 무작정 걸음을 옮긴다 아직 길들일 게 더 남아 있다는 듯, 낯설어선 길들이 내 쪽으로 다가오고 있었다

천일취

광장의 주인이 바뀌자 맥빠진 문장들이 바닥에 나뒹굴기 시작했다. 봄의 탄성이 지워진 문맥들이 일그러지고 내일을 발음하려던 혀가 딱딱해졌다. 타악기의 둔탁한 당김음에 매달려 담벼락을 타는 담쟁이들, 오염인지 오역인지 모를 소리로 광장 모서리를 비껴가는 바퀴들. 지금은 독주 한 병을 홀로 비워도 좋을 시간, 누가 내게 천일취가 담긴 호리병을 건네다오. 영원히 깨지 않을 꿈을 베풀어다오, 어디서 깜깜한 허공을 착암기처럼 두들겨대는 소리가 들려오는

끝말이 멋진 사람과 사랑에 빠지고 싶은

끝말이 멋진 사람과 연애하고 싶어지는
시월 마지막 날, 서둘러 떨군 은행의
환상통에 시달리는 나뭇가지들, 세기말의 표지 같은
이파리들을 한꺼번에 흔들어대며 능선을 타는
바람의 속내가 가파르게 붉어진다
이 순간이 아니라면 아무것도 아닐
삶의 어디쯤에서 우리는
불가능한 사랑의 완주를 꿈꾸었나
붉은 포도주에 빠진 달처럼
우울해하는 안개 속 빛줄기들,
사랑의 날은 언제나 짧고 서러워
시인의 언어는 아무리 깊어가도
받침 흔들리는 빛의 수화를 제대로 읽어내지 못하네
그대는 어디서 내 노래를 듣고 있는지
앙상해져 가는 나뭇가지 끝
마른 잎새들의 끝말잇기,
다 잊히기 전까지는
사랑이라는 이름으로

조금 더 남아 있으라고
해독 불가의 수신호를 띄우고 있다

달리,

어린 아들딸의 숨통을 먼저 끊고
저승길 뒤따르려 했다는 엄마 아빠

달리,

손 발목 잘린 소문이 툭툭 번지는
세상 속 어두운 골목 한구석에는

갓난 새끼의 목덜미를 핥으며
겨울밤을 견디는 순한 눈망울들

달리,

목줄 조르는 부모의 손길까지도
한껏 끌어안았을 어린 목숨의

가늘고 붉은
울음 꽃무늬

제4부

미괄식으로 꽃피고 싶다

끝맺음이 아름다운 삶을 살고 싶다. 시작이 반이라는 용두사미 격의 뻔한 꾐에 빠져 꽃다운 날 허비하느니, 나무가 텅 빈 허공으로 가지를 내뻗어 거기 단단하게 반짝이는 열매를 달듯 마지막 내딛는 걸음까지 공들여 눈부시게 끝맺음하는 한 생애의 가장자리에라도 잠깐 서 있고 싶다. 밤하늘 나란히 빛나는 두 별처럼 서로의 속내를 고스란히 주고받을 다정한 이 하나쯤 가져보고도 싶다. 마침표 없는 발소리 내려놓으며 기어이 다다른 생의 끄트머리께 나의 문장을 온전히 꽃피우고 싶다.

비껴가는 나무들처럼

차창으로 비껴가는
어디서나 홀로 서 있는 나무들,
숲을 이루지 못한 나무들이
허무의 눈부신 바탕으로 가지를 뻗어간다.

비껴가는 것들은 어디에도 흔적을 남기지 않는다.
누군가 스치고 간 자리를 더듬어가며 애써 추억을 떠올리지도 않는다.

잠깐 머물다 가는 것들이 아닌
자기 자신을 오롯이 파고들며
저도 모르는 바닥 깊은 곳으로 뿌리를 뻗어가는
나무들, 언제까지라도 저를 지탱해 줄
뿌리 깊은 고독과 맞닿은 정신의
바닥에서부터 솟구치는 기억들

어디에서나 홀로 서 있는 나무들처럼
나는 언제까지나 숲을 이루지 못하고

서둘러 늙어갈 것이다. 알아주는 이 없이
무엇 하나 남기지 못하더라도

모르는 사이 스쳐 지난 나무들이
가시지 않을 허무 쪽으로 손을 내뻗듯, 나도

발길을 멈추지 않을 것이다.
아무도 나를 기억하지 않아도

별빛

밤의 등산로를 벗어난 빛이 소나무 아래 웅크려 있다.

솔잎 사이 괸 어둠까지 놓치지 않으려는 듯
투명해지는 손가락들. 구부러진 나무 허리를 휘감는
바람도 한번 다다르지 못한 절정의
고요 속으로 별빛은 방향을 튼다.

길 없는 어둠 속, 어디로 가야 할지 모르는 발길을 이끄는 한 점 빛을 따라 나는, 돌이키지 못하는 걸음을 재촉한다.

숨 멎은 새끼 염소의 검은 등줄기를 타고 흐르는 달빛 같은, 터널 속을 뒤흔드는 차들의 연쇄 충돌음 느닷없이 다가선 죽음 앞에서도 끝내 놓고 싶지 않던 한마디,

얼굴 없는 새들과 성대결절 앓는 바람의 불협화음이 어둠의 고랑을 간헐적으로 흘러간다.

구부러진 소나무 무릎에 걸터앉은 별빛이 숨을 고르는 동

안의 일이다. 은하의 샛길을 달려와 이곳에 다다른 별

빛 한 점.

인공 슬픔

내 눈물은 히알루론산나트륨 1밀리그램과 약간의 첨가제로 되어 있다. 혼자서는 울지 못하는 날들, 물기 마른 담벼락을 타고 가파르게 미끄러지는 바람도 슬픔의 바탕을 건드리지 못한다.

섭씨 삼십팔 도, 바깥은 비, 잇단음표로 유리창을 두드려대는 빗소리에도 꿈의 정맥은 자꾸 말라만 가고 기어이 눈물 한 방울 남아 있지 않게 될 때

통증 없는 슬픔이 나를 찾아왔다. 울어야 하는데 울지 못하는, 기억나지 않는 이목구비와 엉클어진 철자를 되짚으며 어디로든 떠나야 하는 나는

어딘가 기다리고 있을 또 다른 슬픔을 찾아 접었던 허리를 곧추세우려는데, 문득

물기 한 점 안 남은 몸속을 휘저어대는 눈물의 신기루. 히알루론산나트륨 1밀리그램의 인공눈물이 내는 길을 따라 동

굴 밖으로 고개를 내미는

이 슬픔을 뭐라고 불러야 하나. 애먼 눈물이 볼을 타고 흐르는 내내 그것이 궁금했다.

읽다 만 책

읽다 만 시집을 책상에 엎어 놓았다

제목이 시인이 바닥에 납작 엎드렸다 당연하다는 듯

세상은 고요 속으로 빠져들었다 읽다 만 책은

그 자세로 주말을 보낼 것이다 바코드로만 자신을 증명할 것이다

책꽂이에는 읽을 책들과 읽은 책들이 빼곡하게 꽂혀 있다 바코드에 새겨진 속말을 숨기고

제목과 이름만으로 저를 드러내는 것들, 읽다 만 책은

그들과 다른 자세로 주말을 견뎌야 한다 아무도 눈여겨보지 않을 ISBN과 값을 고스란히 까놓고는

아닌 척 모르는 척

흰 달

잎 떨군 나뭇가지 뒤에 숨어 안 보이다 보이다 하는

무궁화꽃이 피었습니다, 하면 저만치쯤 있다가도 멀찌가니 달아나 버리는

낮달, 이라고 부르면 아니라며 창백해진 낯을 애써 돌리고 마는

저수지 산자락 젊은 엄마 무덤가에 비스듬히 꽂힌 은수저 같은

죽은 염소를 생각하다

죽은 새끼 염소를 떠올리는 밤, 무너진 언덕의
뜯어먹다 만 풀포기들 성가시게 건드리는
발소리 따라 술렁대기 시작하는 달무리, 염소의
눈꺼풀처럼 잠깐잠깐 먹먹해지는 별빛들

자정의 별들은 어디서부터 갓 태어난 염소의 울음을 앞세우고 수천수만 광년을 한달음에 건너오나 어디서 또 누가 오래전에 죽은 염소를 불러내며 밤의 늑골 사이를 짚어가고 있나 파리한 낮빛으로 제 그림자를 친친 감아대는 어린 염소의 가쁜 숨소리

어미가 뜯어먹던 풀잎을 되새김질하는
새끼가 먹다 만 풀포기를 더 씹어대는

빈 사발에 담긴 달
아무리 씹고 핥아도 가시지 않는
허무의 빛나는 뼈,

허기가 깊어갈수록 점점 가팔라지는
세상의 벼랑 길을 홀로 걸어가는 염소의
검고 환한 등,

어둠이 비로소 어둠으로 빛나기 시작한다

홀수

짝을 짓는 사람은 그때마다 살아 있고, 게임에서처럼

죽은 사람의 숫자는 언제나 홀수, 사과도 배도 차가워진 부침개까지도 셋 다섯 일곱…… 홀수는

죽음 쪽에서 건너오거나 죽음 쪽으로 다가서는 발소리

홀수와 홀수가 만나 짝수가 되는 건 이곳의 일, 거기서는 홀수의 합은 무조건 홀수,
그건 어쩌면

끝내 홀로 남고 마는 인생의 상수 같은 것, 홀수가 아름다운 까닭은 그것 때문이지

바람은 홀수로만 불고 꽃들도
홀수로 피고 지고 너와 내가
손을 맞잡고 빙글빙글 돌아도
결국은 홀수,

그러니까

홀짝의 마무리는 어차피 홀수인 셈이지

다른, 얼룩말 편들기

—K

얼룩말 여러 마리가 한꺼번에 동물농장 밖으로 뛰쳐나왔다. 숲을 어깨에 얹고 날아오르던 새들의 푸른 어깨*가 시린 듯 떨려오는 저녁 무렵

누군가는 흰말 몇 마리가 울타리 너머로 달려가는 걸 보았다고도, 검정말들이 쏜살같이 뛰어가더라고도 했다. 말은 또 다른 말을 부르고

흰색은 흰색끼리 검은색은 검은색끼리 어디에도 없을 자기들만의 땅으로 달려가는 중이었다. 핏기 선명한 어금니를 번뜩이며 멧돼지들이 여기저기 쏘다니고

희고 검은 말들의 그림자가 없는 듯 드리워진 세상에는 얼룩말 여러 마리가 처음처럼 뛰어다녔지만, 아무것도 안 보이는 듯

사람들은 여전히 흰말과 검정말의 시간이 돌아오기만을 기다렸다. 어디선가

얼룩말 몇 마리가 새들이 날아가는 쪽으로 고개를 돌리고 있었다.

＊고찬규 시집, 『숲을 떠메고 간 새들의 푸른 어깨』

홍매화는 피려다 말고

작년 이맘때처럼 올해도 홍매화 필 때가 되었다며, 아랫녘 사는 후배가 형들 대여섯을 한꺼번에 불러 모았다. 느닷없는 봄추위에 놀랐는지, 화엄사 홍매화는 살짝 피려다 말고. 밤새 술잔이나 기울이다 오는 봄나들이라도, 남쪽 바닷가에서 한달음에 달려온 친구나 오랜만에 얼굴 마주하는 친구나 피다 만 홍매화 빈자리 채우기로는 그만이더라. 꽁꽁 언 줄 알았던 나무에서 톡, 톡, 발개진 숨 내쉬며 삐쭉 고개 쳐들다 마는 꽃봉오리들. 누가 죽든 말든 저 혼자만 살겠다며 두 눈 뻘겋게 치켜뜨는 사람보다야 쟤들이 천 배는 더 낫지. 막걸리 한 사발에 벌겋게 달아오른 낯으로, 네가 좋다는 말을, 그렇게 쌍심지 켜 들고 꺼내서야 쓰나. 웃다 울다 하는 사이 날은 밝아서 헤어질 때쯤 되니 또 그게 서러워지는, 지가 여전히 한창때인 줄 아는 중늙은이들 더딘 발걸음이 꼭 지리산 홍매화 피는 것만치나 느려터지더라.

쉰아홉

밤하늘이 어두운 건 별들이 일렬종대로 늘어서 있기 때문인 줄 알았어. 군대식으로, 차렷 자세로. 앞쪽에서 반짝이는 별만 볼 수 있는 거라고. 그게 아니면 별들이 너무 멀리서 빛나는 탓이라고. 멀찍이 서 있는 사람의 이목구비가 보일 듯 말 듯 흐려지는 것처럼. 누가 그랬어. 밤하늘이 어두운 까닭은 별들이 너무 젊기 때문이라고. 혼자서만 반짝이는 청춘처럼, 주변을 밝히기엔 아직 나이가 덜 들어서라고. 나이를 먹는다는 건 다른 누군가를 환하게 해주는 일이란 걸 그때 알았어. 늙어가는 게 꼭 서러운 일만은 아니란 걸. 한때 더없이 반짝였을, 갱년기의 누군가에게 넌지시 말해주고 싶은, 쉰아홉의 어느 날이었어.

개소리에 대한 고찰

어디서 개소리가 들려왔다. 개가 안 보여도 소리는 그치지 않았다.

소리를 들은 사람들이 둘로 갈라지고 있었다. 서로

맞은편을 향해 욕설을 퍼부으며 삿대질을 해대고 있었다.

안 보이는 데서 삐딱하게 일그러진 그림자들이 제자리걸음을 하고 있었다.

무릎을 꿇지 못하는 비만의 성직자가 고개를 뻣뻣이 세우고 기도하는 모습이 얼핏 비친 것도 같았다.

기도가 길어질수록 하늘은 점점 멀어지고 황금 신전의 그늘은 깊어만 갔다.

선거철이 가까워질수록 사방에서 개소리가 크게 들려왔다.

가면을 써도 가려지지 않는 이목구비가 구린 웃음을 짓고 있었다.

알고리즘의 유전자가 낳은 이념의 혈족끼리 주고받는 불협화음이 종말론처럼 울려 퍼졌다.

차라리 그냥 두는 편이 나았을 세상은 정의의 수사를 교묘히 두른 법의 손장난에 시달리는 중이었다.

배우거나 못 배우거나 매한가지였지만 배웠다는 것들의 소리가 늘 더 크게 들려왔다.

개도 못 되는 것들이 꼭 개처럼 굴고 있었다.

그 말을 들은 개들이 진저리를 치며 서둘러 그 자리를 벗어나고 싶어 했다.

환한 어둠 속, 마음 다친 개들이 입을 다문 채 고개 돌리는 모습이 멀리서도 훤히 보였다.

살구

목매달기 딱 좋을 때,

두 동강 나기 직전
짝짝인 온몸이

딱딱한 슬픔
씨앗 속에 품고

튀듯, 바닥을 구른다 돌에 부딪혀 엇각으로 튕기는
살구들

문밖 살구나무는 아까부터 설익은 삶을 떨구고 있다

너는 머지않아 예쁜 꽃이 될 테니까

진작 꽃에 당도한 아이들에게
아직은 꽃이 아니니
꽃이 되지 못했으니
조금 더 기다리란다

머잖아 그날이 올 거라고
억지로 귀를 열어젖히며,

이미 꽃에 도달한 생의 한가운데 서 있는

얘들 하나하나가
저토록 눈부신데도!

맨 끄트머리

맨 끄트머리는 위험해요. 거기서는 아무것에나 눈멀기 십상이거든요. 그곳에 있는 사람은 자기가 무슨 첨병이라도 되는 줄 알아요. 맨 끝과 맨 앞은 이음동의어라나요. 꿈꾸는 자세로 벼랑 끝에 서는 게 아니라 앞에서 단두대를 들고 설치는 건 사실 꼴불견이거든요. 오해 말아요. 서릿발 칼날 진 그 위* 같은, 눈부신 극단도 있으니까요. 당신은 지금 어디를 보고 있나요. 거긴 맨 앞인가요. 맨 끄트머리인가요.

---

*이육사 시, 「절정」.

해설

조화로운 세계를 꿈꾸는 안티(anti) 감각

김효숙(문학평론가)

시인은 씀으로써 심연의 언어를 건져 올린다. 내면에 잠겨 있을 때는 시인도 희미한 언어에 소속된다. 문자기호로 쓰면서부터 빛에 속한 삶을 이야기하게 된다. 언어가 어둠에서 끌어 올려져 빛 속으로 나오는 과정이 시가 되고, 이런 점을 반복하면서 다시금 처음의 경로를 찾아 들어가는 것이 시인의 삶이다. 침묵 속에서는 아무런 색채도 띠지 않는 내면의 언어가 발화하면서부터 그는 비로소 시인이 된다. 오직 씀으로써만 그는 하나의 세계를 언어로 현출시킬 수 있다.

박완호의 시는『나무의 발성법』에서도 여전히 성장하며 진화 중이다. 시인 이전부터 있어 온 언어가 시인에 의해 캄캄한 곳에서 구출되어 생명을 얻는다. 시인의 사전(事典)에는 객관

세계의 개념이 아닌 시인만의 고유하고 주관적인 개념이 들어 있는 듯하다. 시인은 다음의 개념들을 소리는 달라도 뜻이 같다며 이를 두고 "이음동의어"(「설국에서 온 전언」·「맨 끄트머리」)라 칭한다. 예컨대 생성과 소멸, 절망과 희망, 앞과 뒤, 삶과 죽음, 새것과 낡은 것, 침묵과 말 등이 그것이다. 이 모든 것에 대한 접촉 불가능, 그리고 말하기의 불가능성에도 불구하고 그 가능성의 언어를 열어나간다.

이 시집에는 내적이면서도 직정적인 언어로 삶과 시를 이야기하는 목소리가 있다. 내면 언어란, 침묵과 유사한 형태로 현실 체험과 분리된 채 의식에 자리한 언어일 것이다. 한 편 한 편의 시가 침묵 상태의 그것처럼 깊이 가라앉아 있어서 현대 인간의 복잡한 내면과 달리 매우 원초적이고 진지한 정신세계가 저변에 흐른다. 여기에 그치지 않고 현존재가 직면한 현실을 말할 때도 시인은 고도의 비유로 인간 고유의 정신을 탐사한다. 현실 세계에 대한 묘사가 구체적이지 않다 해서 시인이 현실을 몰각한 것은 아니란 얘기다.

박완호는 시인이자 현존재로서 날카롭게 감각을 벼리면서 시대 인식에 대한 균형도 잃지 않는다. 굴곡진 시대를 살아오는 동안 반응해 온 안티 감각을 자연 표상, 정신 표상, 현실 표상 등을 통하여 매우 심리적으로 담아낸다. 이 시집에는 시대가 위독한데도 입을 닫은 채 일신의 아픔에 몰두하는 방관주의자가 될 수는 없었던 시인의 목소리가 생생하다. 그 언어는 한 알의 씨앗에서 발아한다. 그 후 온갖 부조리와 갈등에 직면하고, 혹독한 삶을 감내하면서도 어엿한 한 그루의 나무로 서게 된 성체의 목소리를 지녔다.

1. 여전히 '시인'인 사람

당연한 것을 의심해야만 "맹목"(「시인의 말」)에서 벗어날 수 있다. 맹목에 끌리는 삶을 못 견뎌 하는 자에게는 생각하는 일과 의심이 동궤에 놓인다. 단단해지고 당연해진 것의 결과에 복종하는 것이 맹목이라면, 의심은 생각을 거듭하는 인간이 맹목에 균열을 가할 때의 부정성이다. 데카르트의 언명대로라면 인간은 생각함으로써 존재하는 고유의 주체이며, 이때 생각 덩어리는 곧 의심 덩어리다. 한나 아렌트의 단호한 어법대로라면 생각하지 않는 것은 죄악이다.

> 그날, 난파선처럼 휘청이는 세속 도시의 환한 어둠 속을 떠도는 얼굴 없는 이들의 꽁무니를 가만히 뒤따르는 그림자는 나의 것이 아니었다, 고
>
> 언제였나, 간이 칸막이 위 감시카메라처럼 깜빡거리는 푸른 옷의 눈동자들, 쿠데타 군인의 이름이 선명한 투표용

지를 펼치고 NO, 라고 아무리 말해봐야 곧이곧대로 들어줄 이 하나 없는 막사를 빠져나오는 키 작은 그림자도 나의 것은 아니었다, 고

사랑을 놓치고 가운데가 움푹 파인 세상의 늪을 건너려 허우적거리는 나를 쳐다보며 쓴웃음 짓는 사내의 그림자, 하늘이 어두워질수록 환해지는 별들을 높이 치켜들고 적막 한가운데 서 있는 한 사람을 본다

입술로는 신을 찾아도 안 보이는 듯 까발려진 영혼을 송두리째 저당 잡힌 자본의 사제들, 날 선 한마디에 반사적으로 아멘, 을 덧붙이는 허깨비들 틈바구니에서 홀로 그건 아니라고 속으로 외치는 소리, 반짝이는 넋

오늘뿐인, 얼마를 살든 오늘밖에 없는 삶의 어디쯤에서 나는, 나 아닌 나를 온전히 벗어던지게 될까 그때까지는 그 어떤 것도 진정한 나는 아니라고

그대들이 본 나는, 그러므로 내가 아니었다고
나는 오늘 또 쓴다, 쓰고 있다

—「그건 내가 아니었다, 고」 전문

화자는 세속화한 도시에서 익명의 사람들에 둘러싸여 살아간다. 부정의에 대한 부정을 감시하는 폭력의 시대를 거쳐 왔고, 사랑의 아픔도 겪었으며, 입술로만 신을 찾으며 물신에 포획된 채 살아가는 사람들 사이에서도 자기 내면의 어떤 광채("반짝이는 넋")만은 잃고 싶지 않았다. 주체성을 지닌 한 인간을 '그림자'라는 자기 반영을 통하여 성찰하는 이 시에서 화자는 여전히 자기 부정 정신을 견지한다. 말하자면 그는 늘 깨어 있는 자, 그의 고백대로 "그 어떤 것도 진정한 나는 아니라"는 자각과 의심을 내면화한 자다. 그가 부단히 쓰고 또 쓰는 이유, 타자에게 보이는 자신과 진정한 자아 간 다름을 생각하는 '오늘'이 소중한 이유도 여기에 있다. 자신이 시인이라는 변할 수 없는 사실만이 그를 깨어 있게 한다. 영원히 '오늘'인 날에 "나 아닌 나를 온전히 벗어던지게 될" 것이라는 고백은 그가 현재적 삶에서 추구하는 정신 내용이 무엇인지를 여실히 드러낸다.

「그림자의 그림자로라도」에서도 보듯이 지금-여기의 실존재인 그는 쓸쓸한 단독자이지만 세속사에만 복무하는 생활인에 그치지 않는다. 그에게 '오늘'은 시인으로서 삶을 환기하는 시간 개념이다. "조금 전의 나를 떠나보내고 아직 오지 않은 나를 불러대는 저 투명한 손짓들"을 반기는 시인, 오늘도 오직 씀으로써 진정한 자아를 찾아가는 여정에 놓인 시인이다. 이전의 자기를 부정해야만 일신하는 글쓰기의 주체로 오늘의

갱생이 가능하기에 부단히 자신을 불러 세워 오늘 다시 새로워진 자아를 확인한다.

시인은 고통을 양식 삼아 살아간다. 삶의 본질로 굴착해 가는 탐사자에게 필연인 아픔 때문에 그는 뼛속 깊은 곳에서 삶의 속성을 발견하게 된다. 이 문장, “신조차도 아픔 없이는 아무 꽃도 피워내지 못하는 것”(「황홀, 가난한」)에서 보는 것처럼 시인은 고통의 출처를 ‘신’에게서 찾는다. 신의 실체를 고통 그 자체로 보는 그는 자신과 신의 관계를 매개해 주는 것도 고통이라고 본다. 신이 고통이라면 시인은 고통의 자식이라는 계보가 가능하므로 고통은 시인에게 연면히 대물림된다. 고통이 필연인 시 쓰기에서 그는 사회적 개인인 자신과 유리되지 않으면서도 화해가 불가능한 어떤 ‘가난’을 내면화한다. 그러나 그것은 황홀한 가난. 캄캄하고 텅 비어야만 빛과 충만을 꿈꿀 수 있는 그 무엇의 이름이다. 이것이 맥없는 수사에 그치지 않고 시인에게 생명력을 부여하는 것임을 시사한다. 오직 “맨발”(「황홀, 가난한」)의 정신으로만 도달할 수 있는 그 가난에 관한 아포리즘을 이 시집에서 다양하게 만날 수 있다.

보이지 않는 감정보다 몸의 말단인 맨발부터 포착한 시 「고양이의 변주」에서 시인은 현상적인 것으로부터 이면으로 잠입해 들어간다. “어디에도 매이지 않은 것들이/맨, 이라는 접두사를 앞세우고/본디 아무것도 아니었을 것들에게까지/날렵한 고양이의 수사를 안겨준다.”면서 구름의 그림자가 수시로 변하는 이미지의 '변주'로 자신이 추구하는 시적 진실을 암시한다. 본디 아무것도 아닌 것을 맨발의 감각으로 체화하는 자, 이런 점을 첨예한 언어의 연금술로 빚어내는 자가 시인이다. 그뿐만이 아니다. 1부에서 시인이 주로 집중한 것이 시를 쓰는 자의 정체성과 관련한다. 허무의 본질을 꿰뚫는 시인은, 적막 속에서 치명적인 한순간을 기다리는 검객처럼 험난한 여정에 놓인다(「도산검림(刀山劍林)」). 절망으로 짠 그물에 에워싸였을지라도 미지의 탐험을 멈추지 않는 자, 꿈꾸기의 감옥에 갇히지 않고 눈물범벅인 삶을 이어가는 자, 급기야 "휑하니 빛나는 이름"(「시인」) 하나가 바로 시인임을 알기까지, 하지만 여기에 머물지 않고 그 이름을 다시 털고 일어나는 자를 시인이라 부른다. "아스라한 벼랑 사이 잠깐잠깐 떠올랐다 사라지는 길을 찾아가는 이"(「달팽이관」)도 역시 시인이며, 그를 "반골"(「반골」)이라 일컫기도 한다. 그리고 이 반골에 대한 자기 점검이 깊어지는 지점에서 박완호 시는 또 다른 방향성을 지닌다.

2. 저 너머를 모색하며

이전의 유습을 부수는 시인만이 새로운 말을 할 수 있다. 견고한 것을 녹여 새로운 조형을 구상하는 자가 빚어낼 언어는 이전 것을 녹이는 용광로를 거친다. 비유컨대 그 용광로가 박완호 시인에게는 '반골'이라는 안티 감각이 아닐까 한다. 그의 가슴에 무엇이 들끓고 있느냐는 질문을 던져 볼 때 그것이 뜨거운 것임은 너무나 자명하다.

> 언제부터인지 나에게서 반골이 보이지 않는다 툭하면 욱, 터지기 직전에 머물고 마는 중년만 덩그러니 남고 더 멀고 깊은 곳을 바라보던 나의 반골이 떠나가고 말았다 반골이 비어가는 시인을 떠난 시가 서둘러 시야를 벗어나려 한다 달아나는 말을 붙잡으려면 주저앉은 반골의 척추를 어떻게든 일으켜 세워야 한다 공연히 두근대는 첫발을 어디로든 내딛어야만 한다 저 너머로 치달으려는 마음을 무어로도 억누르지 않아야 한다 눈앞에 떠오르는 신기루의 벽을 무너뜨리며, 앞이 보이지 않는 길이라도 끝까지 걸어가야만 한다
>
> —「반골」 전문

이 시는 골격과 뼈대가 선명하다. 그 뼈대가 사라졌거나 주저앉았다며 불끈 의지를 다지는 화자가 여기에 있다. 여하한 경우에도 그는 "두근대는 첫발"을 내디디려 한다. 생명이 약동하는 심장을 가진 자, 눈앞의 이익에 몰수되지 않는 의식의 소유자, 눈앞의 세계가 "신기루"에 갇힌 듯 모호할지라도 저

너머를 향한 모색을 멈추지 않는 자, 감정을 앞세우지 않고 침묵 중에 이 세계의 본질과 현상을 직관하는 자. 이를 두고 시인은 반골이라 부른다. 그런데 이런 점이 청년 시절에 지녔던 가치에 머물지 않고 이제 다시금 그것을 회복하고자 하는 염원을 이 시에 담았다. 왜 그렇지 않겠는가. 심장이 뜨겁던 시절에는 그도 예외 없이 이상의 현실화가 가능한 세계를 꿈꾸었을 것이다. 다음 시만 보더라도 이 세계는 가슴이 뜨거운 자가 그리는 풍경처럼 열정적인 꿈틀거림으로 가득 차 있다.

> 백색의 군대가 들이닥쳤다. 잇단음표를 달고 고꾸라지는 파도의 단말마. 어둠과 빛의 경계를 한순간에 허물어가며 흩날리는 눈발 속 비릿하게 주저앉는 철조망들. 느닷없는 공습에 치명상을 입은 수식어들이 방어선 너머로 쫓겨나고 있었다. 공중은 갈 데 없는 발길들이 머물 만한 곳이 못 되었다. 흐트러진 오열을 손보기 전에 서둘러 빈자리를 메워가는 점령군들. 금방 뒤집히고 말 이념에 매달린 혁명가들이 극단에 서서 손바닥으로 귀를 틀어막았다. 어디가 뭍인지 바다인지 모를 곳에서 모래알 같은 사상들이 거품을 물고 지워지고 있었다. 홀로 반짝이는 것들은 경계를 넘나들며 스스로 꽃을 피워내고, 어느 쪽이든 끝자락에 버티고 선 것들만이 발화(發花)되지 않는 가지를 고집스럽게 흔들어댔다. 비틀거리는 공기 속, 떠나간

사람의 그림자가 앉아 있는 모래언덕을 쳐다보며 서 있는
사내가 젖은 정어리 등처럼 잠깐 반짝거린 것도 같았다.

—「겨울 경포」 전문

우리의 상식선 바깥에 겨울 바다의 풍경을 걸어 놓았다. 푸르고 아름답고 깊은 그 바다에 마음을 맡겨놓은 채 망연히 감상하고 싶은 자라면 이 시로부터 거리를 두고 싶을지도 모른다. 군대·공습·점령군·이념·혁명가·사상 같은 개념어가 작금의 현실을 하나씩 일깨우는 것처럼 띄엄띄엄 놓여 있기 때문이다. 어쩌면 시인의 군 복무 시기를 회상하는 것일 수도 있는 이 시가 우리를 잡아당기는 요인도 바로 여기에 있다. 시인의 가슴이 뜨겁던 시절과 지금의 현실이 크게 달라 보이지 않는다. 비유로 말해야 할 것과 직설의 틈 사이에 이성의 언어와 시인의 언어가 혼재한다. 이성의 시대를 지나온 자가 다시금 그 이성에 포위된 상황에서의 고통에 공감할 수 있다면 "모래알 같은 사상들이 거품을 물고 지워지"는 풍경이 그의 이상이라고 짐작해 볼 수도 있다.

위의 시와 같은 계열의 또 다른 변주물인 「게릴라」에서도 시인은 이상이 서로 다른 주체들의 희망 고문 같은 반란을 이야기한다. 내일이 보장되지 않는 오늘의 기대가 위험하고도 아름다운 이유를 "엇갈리는 꿈의 능선을 끼고 정면으로 마주친" 자들의 상황에서 읽어낸다. 그래서 이 같은 현실도 지금-

여기와 유리되지 않은 상상력으로 읽힌다. 「다른, 얼룩말 편들기」가 논리의 편향성에 관한 시적 전환으로 읽히는 것도 같은 이유다. 얼룩말은 실재이므로 화자가 그것을 보았으나, 다른 이들은 제각기 흰 말이 아니면 검은 말이라는 편향을 견지한다. 보았으나 보고 싶은 것만 보고, 이것이 믿음으로 이어지는 상황을 보건대 우리의 인식은 선택적 편향에 의한 것이고, 이 점이 믿음으로 이어지는 과정에서 어느 한 국면만을 '진실'로 믿게 된다. 흰말 또는 검정말만이 존재하는 세계에서는 얼룩말이라는 진실은 "새들이 날아가는 쪽으로 고개를 돌"려 버린다. 이 시의 결구에서 그가 잡을 수 없는 이상적 대상물이 얼룩말인 것을 보면 그렇다. 진실은 존재하나 그것을 잡을 수는 없다는 암시 속에는 생명을 지닌 진실은 살아 움직이므로 부단히 저 너머로 달려가 몸을 숨긴다는 의미가 숨어 있다. 진실은 있으나 그 실체는 우리의 눈앞에서 어른거릴 뿐이다. 이런 점이 우리에게 흰색이냐 검은색이냐는 판단을 부추기는 동시에 흐려 놓는다. 이 시는 가시권을 벗어나기만 하는 얼룩말의 은유로, 진실이 실종된 사회에서 확증 편향이 진실의 자리를 차지하는 정황을 이야기한다.

현장 감각이 첨예한 시 한 편을 더 읽어 보자. 「개소리에 대한 고찰」에는 보이지 않으나 짖어대는 소리만은 귀에 쟁쟁한 '개'가 있다. 이 존재를 시대적 비유로 보는 이가 있다면 이 시대의 보편적 윤리가 무엇인지를 생각하는 사람일 테다. 양편으로 갈라 세워진 사람들이 퍼붓는 욕설, 자본과 결탁한 성직자가 신보다 높아져 바닥까지 세속화한 정황, 퍼소나를 자신의 진정한 모습처럼 선전하는 언어의 사제들은 시인이 아닌 "선거철"의 '개'들이다. 은유로서의 개를 피해 다니는 진짜 개들, 은유의 개에게 마음까지 다친 진짜 개들이 할 말을 잃어버리는 현실은 실제와 결코 분리되어 있지 않다. 종결을 모르는 갈등과 투쟁의 장을 "환한 어둠"이라 할 수 있는 것도 여기에 연유한다. 희망의 바탕색을 어둠으로 아는 자만이 이렇게 쓸 수 있지 않을까. 눈앞이 캄캄할수록 우리가 그 어둠 위에 굳게 서는 이유를 설명해 주는 시편이다.

천국으로 직행한다는 순응의 티켓을 던져버리고는 막,
반골처럼 떠오른 시를 써가는 시인의

마음속에서 건잡을 수 없이 요동쳐오는 파문들. 고요에
가닿으려면

—「고요에 관해 말하기까지는」 부분

인간이 진정 바라는 것은 고요와 평화다. 그러나 시인은 고요와 평화라는 결말을 말하기보다 여기에 도달하리라는 기대와 파란 많은 여정에 관하여 쓴다. 그는 세계와의 동일화를 피하면서 '천국', '순응'을 꿈꾸지는 않는다. 지금 이후의 세계를 열망하는 미래적 감각이 지금-여기를 벗어나는 시도들로 점철되어 있다 할지라도 천국 같은 이상향을 세우지 않으므로 시인은 신이 아닌 시인일 수 있다. 때문에 천국이 부재한 현실에서 고요와 안정을 바라는 시인의 마음은, 천국은 도래하는 것이 아니라 찾아가는 곳이라는 인식에 닿아 있다.

3. 공허 속에서의 깊은 울림

생각하는 일이 곧 자신과 대화하는 일임을 아는 자는 생각조차 언어로 이뤄진다는 점을 잘 안다. 그렇다면 자신의 깨달음을 문자가 아닌 마음으로 전하는 이에게 언어는 어떤 의미가 있을까. 염화 미소로도 침묵으로도 깨달음을 전할 수 있는데도 시인은 문자로 시를 써서 이런 점을 전한다. 도반과 도반 사이에 침묵의 언어가 있는 것이 아니라 시인과 독자 사이에 시가 있기 때문이다. 문자에 의지해야만 전할 수 있는 마음의 세계를 우리는 '시'라 부르고, 시는 시인의 사유 과정을 언어로 옮겨 놓는다. 침묵은 언어가 아니라는 관점은 언어만을 완벽한 의사 전달수단으로 보는 경우다. 침묵하는 시간의 틈조차 언어로 보는 관점은 언어기호로 실어내지 못하는 순간의 비언어적 효과를 아우른다.

아직 문자로 옮겨 놓기 이전의 내면 언어에 대한 성찰은 그

사유 과정이 다를 뿐 근원적으로는 동양과 서양의 차이가 크지 않다. 서양에서 언어는 인간 이전의 것으로서, 신이 최초로 발화하여 이후에 인간이, 그리고 시인이 신의 대리자로서 선험적으로 언어를 사용했다고 막스 피카르트는 말한다. 이와 달리 시인은 「혓바늘」에서 동양적 시관을 돋을새김한다. 캄캄한 내면에서 일어난 "불립문자"가 세상의 빛 가운데로 나오는 사건을 '시'라 할 수 있는 이치, 일어나는 순간 소멸의 운명에 처한 언어를 구출하는 일이 시 쓰기인 점을 시사한다.

> 눈의 나라에서 생기자마자 지워지는 발자국들을 본다. 크고 작은 깊고 얕은 흔적을 남기며 저마다의 순간을 감당하는, 휘어진 자작나무에 얹히는 눈의 무게 같은 고뇌들. 가장 뒤늦게 다녀갈 누군가를 위해 순서 없이 나부끼는 눈송이들. 어두운 한낮의 눈보라를 헤치며 나아가는 더딘 걸음들. 앞이 보이지 않는 삶이란 절망 아닌 희망이라며, 우주를 가로지르는 빛이 지나온 길을 되새기게 하는 글자들. 흐트러진 활자판처럼 회오리치는 눈발 속을 날아가는 흰 새 떼. 앞서간 발자국 위에 찍히는 새 발자국들. 오고 나며 가고 죽는 것이 이음동의어가 되는 이곳에서는 모든 것이 태어나는 순간 낡아가고 낡아지는 순간 새로 태어난다. 이 순간만이 온전한 제 몫이란 걸 깨달으며 싱싱하게 낡아가는 불립문자가 문득문득 낯설어지는 경계를 넘나

들기 시작한다.

—「설국에서 온 전언—북해도」 전문

수시로 일어났다 사라지는 생각을 우주적 사건으로 묘파하고 있다. 인간의 고뇌 어린 생각이 피어났다 사라지는 현상을 "눈의 나라에서 생기자마자 지워지는 발자국들"로 비유한다. 불립문자의 생성과 소멸, 문자언어나 음성언어의 생성과 소멸은 같은 이치를 따른다. 첫 생각과 첫 말은 새롭지만 이후 일어나는 생각과 말에 의해 금세 낡아가면서 사멸 일로에 놓인다. 지금 발생하는 언어만이 언제나 새로우며, 이전의 생각과 말은 부스러기처럼 흩어진다. 언어가 지닌 한계 중 하나는, 앞서 말한 것과 뒤에 올 말을 종합하지 않으면 발화 의도를 알기 어렵다는 점이다. 그래서 시인은 앞의 말을 받아 안아 새로운 말을 고안하면서 미래의 시간으로 진전한다. 이는 의미가 희박한 언어를 보충하는 새로운 언어를 내면의 암흑에서 끌어올려 세상의 빛 가운데로 던지는 일이다.

「달팽이관」에서 보는 것처럼 시와 시인은 동행한다. 나선형의 미로 같은 협곡과 벼랑길에서조차 서로를 붙들어야 하는 운명이다. 시인 안에서 '언어'라는 생명이 자란다. 시가 없이는 삶이 허무하다고 말하는 시인이나, 시인이 있기에 언어의 생명성을 구가할 수 있는 시나 같은 사정에 놓인다. 시는 시인에 의해, 시인은 언어에 의해, 언어는 시인에 의해 지탱

되는 변증법 속에서 시-언어-시인의 무궁한 연합이 가능하게 된다. "소리의 기억이 지워지"지 않게 하면서 음유 시인이 탄생했고, 문자언어는 지금의 시인을 탄생시킨다. 우리는 그 "소리의 바탕은 어디나 젖어 있다"는 시인의 감정에서 "슬픔"을 읽고, 이것을 길 없는 길을 찾아 나선 그가 여타의 감정을 한 곳으로 모아들여 정제하는 일종의 필터 같은 것이라 믿는다.

시인은 슬픔에도 뼈대가 있다고 말한다. 조화를 이루려는 몸부림들이 막상 온갖 엇박자·엇각·엇갈림들로 점철되고 마는 것이 삶의 속성이기에 슬픔의 내면화는 필연이다. 이 같은 인식을 키워준 건 허공 같은 삶의 터전에 힘줄과 뼈대를 세우는 일을 삶의 본질로 직관한 점이다(「봄의 무반주를 듣다」). 점차 자신보다 어려지는 어머니를 절절히 안아 들여야 하는 생의 곡선을 절감하는 슬픔도 있고(「훗날의 꿈」), 눈물이 메말라 버린 삶에도 눈물로써만 정화되는 통증은 살아 있기에 인공 눈물의 도움을 받고 싶을 때도 있다(「인공 슬픔」). 표제시 「나무의 발성법」에서 노래한 것처럼 우뚝 선 나무 한 그루의 생명은 아주 작은 씨앗에서 발아한다. 이 시가 자기 목소리를 낼 수 있을 만큼 자란 시인의 성장담으로 읽히는 것은 여기에 연유한다.

그리고는 어느 한순간 잿더미로 남는

황홀한 꿈을 꾸기 시작하는 것이다.
더는 아무것도 발음할 필요가 없는
바로 그 찰나, 나무는 비로소
한 그루 온전한 나무가 되는 것

나-無라고,
아무에게도 들리지 않게 천천히 발음해 본다.

—「나무의 발성법」 부분

시인이 시간 순서로 쓰고 있듯이 씨앗의 시대, 뿌리의 시대, 새순의 시대, 가지의 시대를 지나야만 이파리와 꽃송이가 매달리고 곤충과 새와 다람쥐를 불러 모을 수 있으며, 한 알의 씨앗이 수백·수천의 열매를 매달 수 있다. 그러기까지 나무는 미리 앞당겨 기쁨을 누리지 않으며, 언제나 유보되는 기쁨 속에서 타자에게 내어줄 그늘과 열매를 갖고 있다. "한 그루 온전한 나무가 되는" 그때는, 자신이 가진 모든 것을 내어주고 허허롭게 홀로 서 있는 순간이며, 이제 비로소 "나-無라고" 발성할 수 있는 시간이다. 그러므로 박완호 시인의 언어사전에서 '나무'는 견고한 자아와 모든 물질 표상을 비워낸 후의 공(空)에 이른 상태, 즉 있음과 없음이 공평한 지평에 놓인 것을 이른다. 아무도 가르쳐 주지 않는 삶을 홀로 터득하며 자란 시인은 오직 시를 씀으로써 자기가 가진 쓸모를 타자를 위해 비워내겠노라는 '비움'의 목소리를 내고 있다. 지금의 도토리 이전에 있었던 도토리가 지금의 도토리를 풍성히 밀어 올리는 것처럼, 시인 이전에 있었던 씨앗 같은 언어가 지금 시인의 언어를 풍요롭게 한다.

시인동네 시인선 250

나무의 발성법

ⓒ 박완호

초판 1쇄 인쇄 2025년 3월 24일
초판 1쇄 발행 2025년 3월 31일
지은이 박완호
펴낸이 김석봉
디자인 헤이존
펴낸곳 문학의전당
출판등록 제448-251002012000043호
주소 충북 단양군 적성면 도곡파랑로 178
전화 043-421-1977
전자우편 sbpoem@naver.com

ISBN 979-11-5896-684-3 03810